OBSERVATIONS
SUR LA QUESTION
DE LA SEPTENNALITÉ.

OBSERVATIONS

SUR LA QUESTION

DE LA SEPTENNALITÉ,

PAR UN ANCIEN PRÉFET.

« A côté de l'avantage d'améliorer, est
» le danger d'innover. »
*(Extrait du préambule de l'ordonnance
du Roi du 5 septembre).*

PARIS,

CHEZ DONDEY-DUPRÉ PÈRE ET FILS,

Imp.-Lib. rue St.-Louis, N°. 46, au Marais, et rue de Richelieu,
N°. 67, vis-à-vis la Bibliothèque Royale.

1823.

OBSERVATIONS

SUR LA QUESTION

DE LA SEPTENNALITÉ.

La question de la septennalité de la Chambre des députés est aujourd'hui publiquement agitée. Serait-ce la pensée secrète d'un parti, qui aurait conçu le désir et l'espoir de se servir de ce nouvel ordre de choses pour s'emparer exclusivement de l'administration ? serait-ce celle du ministère, qui croirait y trouver le moyen de consolider son existence et de renforcer son pouvoir ? c'est ce que nous ignorons. Mais ce que nous croyons savoir, c'est que nul projet ne pourrait être plus funeste que celui-là à la dignité et à l'autorité du roi. En effet, en voyant l'influence que la Chambre, avec son organisation actuelle, exerce depuis quelques années non-seulement sur l'ensemble, mais encore sur chacune des parties de l'administration, on doit être réellement effrayé d'avance de l'omnipotence que lui donnerait la septennalité; d'un corps déjà trop puissant, mais dont cependant des élections, adroitement dirigées, pourraient au besoin modifier la composition, elle formerait bientôt une masse inébranlable et pesant de tout son poids sur les hommes et sur les choses. Ce ne serait plus par de simples vœux qu'elle provoquerait le changement et la recomposition d'un ministère, le déplacement et le remplacement des fonctionnaires publics; ce serait bientôt des ordres qu'elle dicterait au monarque, auquel il ne resterait que la vaine prérogative de revêtir de sa royale signature la liste de ses ministres, dont elle aurait, sans le consulter, arrêté d'avance le choix. Mais n'est-ce point ainsi, nous observera-t-on, que les choses se passent en Angleterre, et le gouvernement en est-il moins fort, la nation moins puissante, moins heureuse?

Sans examiner, pour le moment, si c'est uniquement à son mode de gouvernement que l'Angleterre doit sa puissance et sa prospérité, nous nous bornerons à observer, à notre tour, que ce qui peut lui être bon et avantageux, en fait d'administration, serait souvent dangereux en l'appliquant à la France. Là, le roi, si nous pouvons nous exprimer ainsi, n'est que le sommet d'une immense pyramide, dont la solidité ne pourrait nullement souffrir de l'ébranlement ou du déplacement même de la pierre qui la termine : en France, c'est la clé d'une voûte majestueuse, mais hardie, et le moindre choc, la moindre altération qu'elle éprouverait, pourrait ébranler, jusque dans ses fondemens, l'imposant édifice dont elle forme seule le lien, dont seule elle fait toute la solidité. En Angleterre, le gouvernement n'a à s'occuper que de la haute administration et des intérêts généraux du royaume, parce que des institutions municipales et provinciales, largement et fortement établies, règlent et assurent le mouvement de toutes les parties du corps politique, sans qu'il soit besoin de l'intervention du nom et de l'autorité du roi, qui marche avec la nation bien plus qu'elle ne marche avec lui; là le pouvoir royal peut donc, sans inconvénient pour la tranquillité et la sûreté de l'état, se trouver sous l'influence et en quelque sorte dans la dépendance des deux Chambres, qui, d'ailleurs, composées généralement l'une et l'autre des personnages les plus marquans par leur illustration, leurs talens et leur fortune, et sans besoins pour eux ou pour leurs familles, sont les premiers intéressés au maintien de l'ordre établi.

En France, au contraire, un moteur puissant et universel doit à chaque instant, pour ainsi dire, imprimer le mouvement à chacun des rouages de l'administration, depuis l'adjoint de la plus petite commune jusqu'au préfet de Paris, depuis le centre jusqu'aux dernières extrémités du royaume, et ce moteur n'est et ne peut être que le gouvernement du roi, soumis sans doute à des règles fixes et invariables, mais entièrement libre dans ses mouvemens, et indépendant surtout de toute impulsion étrangère à son action.

Mais pourquoi n'aurions-nous pas, entendons-nous dire par tous les partis, ces institutions municipales, qui, donnant à chaque commune, à chaque canton, à chaque département, le droit de gérer ses propres affaires, et le soin de veiller à sa propre conservation, ne laisseraient plus au gouvernement que la direction et la discussion des affaires générales et des grands intérêts de l'état ?

D'abord ce grand système municipal n'existe

point; nous dirons plus, nous ne pensons pas qu'il puisse jamais être établi en France; toutefois, nous ne développerons pas ici cette dernière opinion, parce qu'il nous suffit, pour l'objet que nous traitons, de démontrer que dans l'état actuel de l'administration, l'action du gouvernement est nécessaire à tous les instans et sur tous les points. Mais comment pourra-t-elle agir si l'ambition et la passion, sous le prétexte d'un zèle ardent pour la défense du trône et de l'autel, si la haine et la malveillance, sous le masque du patriotisme, la vanité et la cupidité, sous celui du royalisme, cherchent, les unes à presser et à précipiter la marche du gouvernement, les autres à l'entraver et à la paralyser, ces dernières enfin à lui vendre et lui faire même en quelque sorte marchander la faculté de marcher et de faire le bien? et malheureusement, n'est-ce point ce que l'on voit journellement? La plupart des membres influens des deux oppositions, ceux de la majorité surtout, dans la supposition, beaucoup trop souvent réalisée, que le ministère craint leurs attaques ou a besoin de leur vote, se croyent des hommes importans, dont un grand nombre d'entre eux jouent en effet le rôle. Depuis le percepteur de leur village jusqu'au préfet de leur département, depuis le greffier de la justice de paix de leur canton jusqu'au premier président de la cour royale du ressort, il semblerait, en voyant les égards et les petits soins que ceux-ci leur prodiguent, la déférence presqu'aveugle qu'ils ont pour leurs avis et leurs moindres désirs, la crainte de faire quelque chose qui leur déplaise, il semblerait que c'est à eux seuls que tous les fonctionnaires publics doivent leur nomination, ou au moins la conservation de leurs places; et combien il en est qui *per fas aut nefas* se trouvent effectivement dans le cas de leur en avoir l'obligation !

Ce tableau, des prétentions et de l'espèce d'empire que la majorité des députés exerce sur l'administration, n'est point exagéré, quelque chargé qu'il paraisse. Nous osons invoquer à cet égard le témoignage du ministère lui-même. Et cependant ces députés si prépotens, ne le sont que pour cinq ans! et cependant l'existence même de cette majorité sur laquelle ils s'appuyent si fortement n'est, pour ainsi dire, que précaire, puisque l'introduction d'un nouveau cinquième peut, d'une année à l'autre, en altérer la composition et en opérer la chute! Que serait-ce donc si son règne, si le leur étaient assurés pour sept ans? Mais c'est précisément, nous dira-t-on, ce qu'on veut; ce que doit vouloir le ministère, une majorité fixe et constante. Oui sans doute, cette majorité dont vous voulez, par la septennalité, augmenter la force en en perpétuant la durée, sera constante dans ses projets d'envahissemens et d'omnipotence, mais nullement pour seconder et appuyer ceux du ministère. Oublie-t-on donc que le caractère des Français est naturellement frondeur, exigeant et par-dessus tout mobile; qu'il est toujours disposé à attaquer le pouvoir qui ne le caresse point, et qu'un ministère qui refuserait de faire aveuglément toutes les volontés ou de se prêter même aux caprices, nous ne dirons point de la majorité, mais seulement de quelques-uns de ses membres influens, aurait bientôt encouru sa disgrace, serait bientôt renversé? Necker, Mirabeau, les Girondins, et tant d'autres avec et après eux, croyaient fermement aussi rester toujours maîtres des assemblées dont eux-mêmes avaient créé la puissance, ou dont au moins ils étaient les chefs et les régulateurs : tous cependant sont tombés les uns après les autres.

Oublie-t-on donc cette tendance de toute assemblée politique à vouloir tout dominer, diriger tout, se mêler de tout? La force que lui donne ce moteur indéfinissable, mais trop réel, l'esprit de corps, qui bientôt s'empare de tous ses mouvemens, et dont la puissance s'accroît d'autant plus, qu'il rallie souvent autour de lui les caractères les plus opposés entr'eux? On était arrivé sage et modéré, par esprit de corps on devient bientôt passionné : on ne voulait faire que le bien, et malgré vous l'esprit de corps vous entraîne à mal faire : on voudrait rester impassible, et le frottement continuel des passions qui vous entourent, qui vous pressent, vous fait éprouver des mouvemens en quelque sorte électriques, auxquels il vous est impossible de résister. Si du moins cet esprit de domination qui anime nos corps politiques les dirigeait vers le bien! Mais ouvrons l'histoire de nos États-Généraux, de nos anciens États de province, de nos Parlemens; ouvrons surtout les annales de notre révolution, et nous y lirons en caractère de sang, frais encore, tout ce que sont capables de faire en France de grandes assemblées politiques, dont le gouvernement n'a pas la force de dominer constamment ou l'adresse d'affaiblir la puissance.

Sans doute, la Chambre des communes jouit en Angleterre d'un pouvoir immense, la majorité y domine le gouvernement, ou plutôt c'est elle-même qui gouverne. Mais quand les différences qui existent dans les mœurs, le génie et le caractère des deux peuples n'en apporteraient pas de majeures dans la composition de leurs chambres, que d'obstacles n'aurait point à vaincre, malgré son omnipotence, une Chambre des communes qui voudrait attenter aux droits de la couronne ou aux libertés de la nation? La chambre haute, armée de sa force morale et matérielle, les cités, les corporations de leurs immenses priviléges, la milice de ses armes et l'opinion publique de sa toute-puissance, qui là n'est point un vain mot, tous se ligueraient contre la tyrannie et l'auraient bientôt renversée.

Mais quels obstacles, quelle force pourraient en France s'opposer aux usurpations et au despotisme d'une Chambre ardente et fanatique en quelque sens que ce soit? Le ministère en ferait prononcer la dissolution? Mais en aurait-il le pouvoir, en aurait-il même le tems? et quand il le pourrait, ignore-t-on qu'en France les coups d'état sont une arme souvent dangereuse pour la main même qui la manie, et croit-on que la nation serait plus indifférente aujourd'hui à la dissolution de la Chambre de ses députés, qu'elle ne le fut jadis à l'exil de ses Parlemens? D'imprudens conseillers vous disent sans doute, ministres, que vous serez toujours assez forts pour arrêter le mal, mais pourquoi ne pas le prévenir, quand vous en avez encore la possibilité ? Nous dirons plus, pourquoi vous-mêmes voulez-vous, sans nécessité, lui donner les moyens de se développer avec plus de force ?

La Chambre des députés, nous en appelons ici à la bonne foi des royalistes eux-mêmes les plus dévoués au roi, mais sages et désintéressés, la Chambre n'a-t-elle pas déjà trop d'influence et de pouvoir ? et cependant on veut encore, avec la septennalité, augmenter sa prépotence! Mais la patrie est peut-être en danger, l'autorité royale méconnue, le gouvernement sans vigueur et sans moyen d'exécution? et cependant nous jettons nos regards de tous les côtés, et nous voyons la tranquillité et l'ordre régner partout ; la justice, l'administration, tous les services marchent bien ; les contributions se paient et se perçoivent avec facilité ; l'armée fidèle à l'honneur voit la victoire revenir se fixer sous ses drapeaux ; le calme et les douceurs de la paix vont succéder au tumulte des armes, aux inquiétudes de la guerre, et c'est dans ces momens, aussi prospères que peuvent l'accorder à la France les circonstances critiques dans lesquelles se trouve l'Europe, que l'on vient jeter en avant un projet dont la seule question porte le trouble et l'agitation dans les esprits, et dont l'exécution compromettrait tôt ou tard la tranquillité et la sûreté de l'état !

C'est du moins notre opinion, et loin de conseiller au gouvernement d'augmenter, par la septennalité, la force et la puissance de la Chambre, cherchez plutôt, lui dirons-nous, tous les moyens possibles de diminuer la prépotence et l'influence qu'elle n'exerce que trop déjà sur l'administration. La tâche n'est pas facile sans doute, mais elle n'est point impossible, et plusieurs mesures nous paraîtraient devoir amener cet heureux résultat, avec d'autant plus de certitude et de succès, qu'elles sont puisées dans les prérogatives du trône, et qu'elles seraient dans les attributions du roi seul, sans le concours des deux autres pouvoirs; mais ce n'est ni le lieu ni le tems de développer nos idées à cet égard.

Avant de terminer ces observations, nous devons déclarer qu'en déroulant le tableau de tout le mal que pourrait causer encore à la France une assemblée politique, à laquelle on laisserait prendre trop d'influence sur l'administration, ce n'est nullement une satire contre les hommes et les choses du tems que nous avons voulu faire, mais uniquement la peinture du cœur humain; car, nous aussi, nous pourrions craindre de tomber, nous l'avouerons avec franchise, dans les mêmes erreurs, contre lesquelles nous nous élevons avec tant de chaleur, si nous avions l'honneur de siéger dans la Chambre des députés ou dans les Conseils du souverain. Peut-être même est-ce à cette crainte que nous avons de la conduite que nous tiendrions nous-mêmes dans une pareille position, qu'il faut attribuer tout ce que nous venons d'écrire contre les hommes réunis en corps politique! Chacun des membres qui le composent, pris isolément, est, nous aimons à le répéter , rempli des intentions les plus louables. Seul il ferait le bien ; mais il a des collègues , et bientôt il prend l'esprit dominateur de son corps , en épouse les intérêts , souvent contraires au bien général, en partage les passions ou est entraîné par elles ; bientôt enfin de sujet fidèle qu'il était , de citoyen dévoué à la patrie , il devient homme de parti !

Chercher à démontrer cette vérité , à démontrer qu'une grande assemblée politique tend nécessairement à s'emparer du pouvoir , et que malheureusement elle en abuse toujours , parce que la solidarité qui existe entre ses membres donne au génie du mal les moyens d'agir impunément à l'ombre de la masse , et ôte à l'amour du bien public un de ses principaux ressorts , l'honneur personnel d'un projet utile , d'un service rendu à la patrie ; chercher à démontrer que le premier soin d'un gouvernement, tel que doit être celui qui convient à la France, c'est-à-dire, indépendant non-seulement de tous les partis, mais assez fort pour les dominer tous, est d'empêcher le moindre empiétement de la part des Chambres dans la direction et surtout dans l'administration du royaume ; chercher enfin à démontrer que la septennalité donnerait à la Chambre des députés une omnipontence qui pourrait devenir funeste à la dignité de la couronne, à l'autorité du roi et à la tranquillité de l'état ; tel est le but que nous nous sommes proposé en publiant ces observations. Nous eussions pu sans doute leur donner plus de développement et de force, en nous appuyant sur la Charte, dont la septennalité violerait évidemment un des articles fondamentaux ; en paraphrasant surtout ces paroles mémorables du roi : *A côté de l'avantage d'améliorer, est le danger d'innover;* mais nous avons cru ne devoir traiter la question que sous le point de vue politique, et laisser à des publicistes, plus habiles et plus exercés que nous, le soin de la discuter comme point de droit.

FIN.